Palabrero

MUSEO SALVAJE
Colección de poesía
Homenaje a Olga Orozco

Homage to Olga Orozco
Poetry Collection
WILD MUSEUM

Jesús Bottaro

Palabrero

Nueva York Poetry Press LLC
128 Madison Avenue, Oficina 2RN
New York, NY 10016, USA
Teléfono: +1(929)354-7778
nuevayork.poetrypress@gmail.com
www.nuevayorkpoetrypress.com

Palabrero
© 2023 Jesús Bottaro

ISBN-13: 978-1-958001-35-6

© *Poetry Collection*
Wild Museum 56
(Homage to Olga Orozco)

© Publisher & Editor-in-Chief:
Marisa Russo

© Editor:
Francisco Trejo

© Prologue:
John Estrada

© Blurb:
Essaú Landa

© Graphic Designer:
William Velásquez Vásquez

© Photographer:
Agustina Andrade

Bottaro, Jesús
Palabrero / Jesús Bottaro. 1a ed. New York: Nueva York Poetry Press, 2024, 166 pp. 5.25 x 8 inches.

1. Venezuelan Poetry. 2. Latin American Poetry. 3. Hispanic American Poetry.

siempre en lo mismo

también ella decide dar a luz

pues él comportándose como si la cosa no

fuera con él haciendo su vida ¡güebón!

como él quería finalmente llega el

momento del alumbramiento y él

presente él sabía cuando iba

ella coge su taxi llega al

en Manhattan y allí trata de dar a luz

en cuando...

la llamaba

iba y volvía

pues entonces

y todo esto

él se retiró

nunca volvía

que había de ella

tiene preñada

quizás

ella

AGRADECIMIENTO

Ante todo deseo agradecer y reconocer a Nueva York Poetry Press que junto a Marisa Russo llevan la labor inmensa de publicar al mundo creativo hispanoamericano con generosidad y desinterés. Gracias a todos aquellos que leyeron el manuscrito y en particular al poeta Essaú Landa y al escritor Jhon Estrada por sus magnánimos comentarios. A los amigos todos, que comparten el camino.

A MANERA DE PRÓLOGO

Estos poemas se podrían decantar como el arte de saber hacer lo que somos o lo que no queremos ser; pero no se agotan en ese esfuerzo inútil. Bottaro asume poéticamente lo que se suele llamar la conciencia monologal que nos habla todo el tiempo sin que abramos la boca. Allí están los demás; el trabajo cotidiano; lo que olisqueamos para seguir el imperativo: *Sé tu principal rival*; los derroteros que nos debaten diariamente sin que podamos evitarlo.

Al leer estos poemas siempre tendremos la certeza de que *alguien cercano, o sin conciencia los leerá.* Quizá una suerte de genio te siga hablando al oído cuando recorres las líneas de este poemario y como susurro escuches: *Apuesta lo que ya perdiste para no tener remordimiento.* Acaso el poeta ya ha sabido que cada uno de nosotros es a veces su propio abismo y la obstinación con el asombro de las cosas nos depare meditaciones que sucederán después de la lectura.

Los poemas de Bottaro se empiezan a volver íntimos; las palabras no vienen de un dios disperso aunque lo sea; brotan de un amanuense de la vida: *Escucha las sombras secretas de una mirada…*

En esa intensidad hay un vínculo del que ya no podemos desprendernos. No hay ficción de amor o de verdad sino una hechura de la vida que es también la compleja temporalidad de los días que llamamos vida.

JOHN ESTRADA, PH.D.
City University of New York

Contrapoema prosaico hecho a mano.
Al maestro Porra, perdón Parra.

Escribir como un perro
(que escarba su hoyo,)
como una rata
(que hace su madriguera.)
...encontrar su punto de subdesarrollo,
su jerga, su tercer mundo,
su propio desierto.

Deleuze-Guattari

Serán procesados quienes intenten encontrar una finalidad a este escrito; serán desterrados quienes intenten sacar del mismo una enseñanza moral; serán fusilados quienes intenten descubrir en él una intriga poética.

Por orden del autor. Per G.G. El jefe de órdenes.

Palabras del autor

Hacia el final de la década de los años noventa pude contactar al maestro Nicanor Parra. Para ese entonces el narrador y pintor chileno Juan Gómez Quiroz, coordinador del taller literario "El Espacio de Escritores de Nueva York", viajaba a Santiago de Chile con frecuencia y, una que otra tarde, se encontraba con Parra. La amistad de Gómez Quiroz con la familia Parra había comenzado al comienzo de los años sesenta. Antes de uno de sus viajes a Chile le pregunté si creía conveniente solicitar al maestro Parra que le echara una ojeada a un texto "poético" destinado a integrar una novela y que en ese momento estaba en su primera versión completa pero no aún definitiva. Juan aceptó complacido.

El texto había sido leído en algunas tardes de fines de semana durante las horas del taller de literatura. Algunos talleristas comentaban que en ocasiones habían creído ver cierta familiaridad lejana con ciertas formas propuestas por Nicanor Parra para la escritura de la antipoesía. De aquí que surgiera mi interés de compartir con Parra e inquirir su parecer sobre el texto aprovechando la coyuntura de viaje y amistad entre Juan Gómez Quiroz y Nicanor Parra.

Dos meses más tarde, ya de regreso de Santiago, Gómez Quiroz, me dice que me entrega el extraño privilegio de ser el destinatario de una nota impresa y sellada de Parra. Sin saber el por qué, y sin expectativas de ningún tipo más allá de la simple curiosidad y la felicidad del momento de juego literario que nos embargaba, abro la nota para leerla junto a Juan. La nota, sin firma, decía:

"Estimado amigo que escribe. Gracias por compartir conmigo su texto. No le puedo expresar que me guste o disguste lo que leí. Sólo le puede decir que su trabajo no es antipoesía porque esa la escribo yo. Lo más probable es que sea algo que se me ocurre llamar contrapoesía. Le deseo éxito y buena suerte".

Juan Gómez Quiroz había recibido la nota de una asistente de Parra y no supo verificar su autenticidad. Y es desde esta opinión apócrifa que surge el nombre de la categoría de contrapoesía con que he bautizado a Palabrero como poemario, aún cuando algunos amigos me advierten que tal vez entonces debería ser "contrapoemario" siguiendo la línea de juego anterior. Palabrero formó parte de un libro de narrativa hasta que amigos inquisitivos y Marisa Russo, editora jefe de Nueva York Poetry Press, me señalaron que en realidad el texto podría ser un libro por separado en su unidad de concepto y estructura. Finalmente les hago caso y ofrezco Palabrero como "contrapoema".

Palabrero

Mira de frente y escupe de lado. Duerme atento pero plácido. No robes, pero haz dinero. Apresúrate a consumir lo de otros. Guarda lo tuyo. Comparte todo lo posible menos lo que te puedan arrebatar. Recorre el mundo sin vigilancia, pero conserva tus límites. Transgrede las virtudes, pero con respeto. Vigila a tus vecinos y no traiciones a tus enemigos. Camina sobre las aguas (no oxidadas) pero nunca te zambullas, porque pueden enlodarse. Desciende de las montañas para andar por lo llano, pero advierte que no tendrás sendas para escalar ni cumbres retadoras. Si te preguntan una dirección, apunta a cualquier sitio porque puedes acertar. Todo camino es bueno excepto los malos. Cuídate del último paso, puede convertirse en el primero de manera irremediable. Regresa si es factible. No te hagas incorpóreo literalmente, ni vivas en el sol porque es imposible.

Si escribes sigue a Borges y enorgullécete: no de lo que has escrito, sino de lo que has leído, sobre todo si tú eres el autor. Escribe alguna estupidez que alguien cercano, o sin conciencia, lo leerá.

Disfruta su ingenuidad junto a la tuya. Con un poco de suerte será incinerado ya traducido. Toma las historias de tus libros (de vida) pero cuéntalas como si las hubieras vivido pulso a pulso. Preside E.A.: Escritores Anónimos, como adicto irresoluto, irremediable, inquebrantable, inflexible, inexorable, tenaz, persistente, constante, irreparable, irremisible, insalvable, insanable, invencible, fijo, cierto e indefectible. Tendrás que elegir tu escritura: lanzarte al vacío de la hoja, o arriesgarte a las acrobacias y maromas sobre rayas y líneas como si fueran almíbares; perdón, quise decir alambres de equilibristas ensangrentados de púas; así no podrán decir que no te arriesgas al vacío cayendo desde lo alto, sobre tus propias palabras. Que no te preocupe ni moleste el plagio, pues si sigues al amado Heráclito, así como no nos sumergimos dos veces en el mismo río, nunca decimos la misma palabra dos veces: inmersos en otras angustias. Que no te preocupe si acaso la escritura se torna una rara condena (quizás benéfica) como lo anuncia San Lucas (extinto de hambre y estragado de manduca) en los "Hechos 4-20": "porque no podemos dejar de decir lo que hemos visto y oído;" y gustado, y olfateado y sentido y palpado y en suma sufrido: con demasía y placer.

Que cuando quieras escribir, no escribas y a veces escribas sin querer. Si viene el *horror vacuus* después de la escritura, préñate y pare sin sucesión temporal: que ninguna sea antes que la otra. Si no escupes, perdón, quise decir, si no esculpes: reescribe al

David y estámpale tu rúbrica; si no escribes: traza y colorea al Quixote con tu sello indeleble; si no compones: actúa a Bach e imprímele tu firma y carácter; y si no actúas: simplemente sé, que es igual de histriónico, (bufo-mimético). Si dicen que escribes textos baratos, duplícales el precio. Ten presente que un buen manuscrito debe poseer los tres estados esenciales imprescindibles: si lo sostienes en las manos: debe desparramarse y teñir como la sangre de arterias o como el agua de mar dejándote los dedos llenos de sal urticante, debe evaporarse como el amor y solidificarse con nitidez como un golpe de puño cerrado regalado con odio. Si escribes y sientes que eres extranjero en el país de la escritura, llena los legajos necesarios para solicitar y adquirir tu residencia permanente, (luego podrás hacerte ciudadano), pero ten cuidado, porque ese país implacable podrá enviarte a combatir en sus guerras de heridas y dolor solitario. Recuerda que, tal vez, el escribir sea sumergirse en la gestación de un cóctel donde trasiegas porciones de tu vecino, la memoria del universo, tu vida y acaso también a Dios; para luego agitarlo en un envase macizo, digamos de acero transparente, que resista tus azotes inquietos y veas sus ingredientes al trasluz colarse entre ellos con sus alquimias naturales; más tarde podrás darlo a beber con sus sabores: a veces dulces, otras *mellow*, pero también amargos y repugnantes, aunque así no lo desees, y sólo tú lo tragarás de un buche, o a tragos, con el riesgo de sufrir colerinas mortales. Que tu mejor escrito (como la poesía más exquisita y las grandes historias) sea trazado en tinta invisible: la única absolutamente indeleble e inmortal.

Admira al semen y su futuro incierto (glorioso a veces). No tengas prejuicios, pero rechaza lo inconveniente. Arrópate noche y día bajo el verano más radiante. Piensa como puedas, pero sin esfuerzos inútiles. Determina tomar lo correcto; deja lo malo marchar solitario. Acompáñate de estorbos, pero abandónalos en la vía pública, disecados para la prehistoria. Aprende a leer y luego olvídalo. Engáñate y sé sincero. La inocencia a veces te defenderá, aunque nadie te crea. Obtén el pan de cada día antes de que verdee; sin embargo, espera por su color y cómelo. No desafíes huracanes ni ciclones porque son más fuertes que tú. Sé humilde ante todos, incluso ante tus espíritus y obedece sólo tus instintos más brutales. Haz lo opuesto y siempre tendrás razón. Escucha bien cuando te hablen, oye con entereza lo que puedas, aunque suene dulce, presta (o regala) mucha atención (abre los ojos como loro manglero con estreñimiento) pero mira al lado y atrás. Si insisten en hablarte, entonces no escuches lo que dicen sino lo que callan; tal vez así podrás oírte en los demás. Deja que los zapatos te arrastren, aunque aciertes. Después los podrás quemar, comprar un par nuevo y caminarlos. Quizás aciertes de nuevo, pero siempre podrás arrepentirte y volver a las cenizas de los otros zapatos y al recuerdo de los primeros errores; tal vez ahora suenen más dulces.

Nunca seas presidente porque te arruinas, pero sigue en campaña que alguien cae. Los candidatos nunca mueren. Nunca imites al arte ni viceversa. Cásate y ten hijos, pero no los eches a volar, podrían dejarte ciego. Sé como el globo terráqueo: centrífugo - centrípeto. Imita al cometa: efímero, radiante y amenazador. No respires el polvo cotidiano: sus partículas terminarían por asfixiarte. Ahógate en placeres no asmáticos. Agobia al resto sin que te señalen; sin embargo, asume tus responsabilidades. Deja la fatiga a los niños. No inhales demasiado porque puede ser amoniaco. Sé precavido con el aire del mañana pues es incierto. Desconfía de la brisa del ayer pues está viciada; y vigila el oxígeno presente pues es ilusorio. Al que fuma, despréciaIo e insúltalo por inferior; pero admíralo en su valentía (su gran virtud). No te inspires en los cadáveres de perros muertos en las calles del desarrollo. No husmees los orines ni vómitos en las esquinas de borrachos, ni las pestilencias de baños públicos y privados, la putrefacción de la mendicidad, la acritud de la vejez, el zumo de los basurales, la reputación ajena, la virtud de los hijos, las manos sin gérmenes (demasiado pulcras), el racismo feminista, al trabajador cumplido, a los tarambanas, los mapas que señalan caminos y direcciones de tránsito; los trenes aseados, la virulencia del odio y sobre todo la candidez de la compasión.

Consume psicotrópicos porque son beneficiosos. Los Carteles también son necesarios para el respiro de multitudes: sin embargo, divaga, que no hay mejor narcótico y es gratis. Anda sin mascarilla como precaución. No deglutes lo inapetente, pero pruébalo. Bienaventurado el café pues agravará ulceras heredadas y luego será rechazado. No ingieras nada que no sea sospechoso. No corras si puedes caminar, no camines si puedes reposar, no estés de pie si puedes estar sentado, no estés sentado si puedes estar horizontal, no estés acostado si puedes estar con sentido pleno haciendo lo conveniente o nada. No ofrezcas el corazón en la carnicería de la esquina porque será pesado y tasado en una balanza de acero, fría y rígida. Luego, tajado con filos punzo penetrantes, podrá venderse, dividido y fragmentado en trozos pequeñísimos (irreconocibles a la clientela anónima). Después será aderezado y cocido en especias urticantes que extraerán su jugo íntegro para ser masticado, comido, digerido y finalmente defecado (quizás a veces lo vomiten). En definitiva, no des el corazón porque es imprescindible (impredecible) vivir con él.

Si lees, no importa qué (¿o sí importa?) léelo de nuevo y reléelo. Córtazealo en migajas y agítalas a una velocidad adecuada, en tu mezcladora digital moderna, luego regresa y coloca las porciones donde van: abajo, arriba o donde corresponda. No desprecies al amor ido o por venir; quizás allí encuentres lo que enaltece y envilece, acobarda y arroja, silencia y motiva, embrutece y capacita, agita y desmaya. Si buscas bien, hallarás lo que no deseas: el fuego y el hielo, la tristeza y la alegría, el placer y el dolor, la esperanza y la desilusión; y al final quizás también tropieces con alguna síntesis y su relativa antítesis. Enseña a los jóvenes lo que no sabes y estudia lo inútil. Ignora la madurez, la rancia sabiduría de los ancianos y sus maledicencias solapadas. Sin embargo, consiéntelos y dale palmadas en los hombros para que te muestren sus dentaduras de marfil pulido.

Peregrina a donde desees y como quieras, por avión, barco, tren o patines; pero no te detengas ni frenes de repente porque podrías romperte la nuca en tu propio ferrocarril. Ve y observa todo con esmero, deja que te muestren lo que se les antoje, las vías férreas rodarán mucho, pero no reveles que eres miope y ves la luna ovalada y las estrellas más refulgentes (podrían forzarte a usar lentes de colores absurdos). Muestra quién eres, cómo caminas, para qué existes, cuál es tu rumbo, rumba y luego dilo otra vez, que en algún momento llegarás a la verdad y su importancia para aquellos que se ocupan de esas cosas. Reverencia a tu prójimo, al árbol más cercano y a las cosas más comunes, quizás consigas alguna que otra esencia. Cree en todos los cultos religiosos puros, pero recuerda que siempre, en alguna instancia, todas las religiones son puras. No obstante huevo pelao, perdón, quise decir "ojo pelao": no acates diezmos de alto precio. Juega a la lotería y no estimes a las brujas sino a los brujos pues está demostrado que son más confiables, máxime si están perturbados.

Categóricamente, no apuestes, porque definitivamente hay monedas de una sola y misma cara, dados trucados, barajas marcadas y ruletas preparadas; decisivamente no juegues a menos que seas el dueño de las ruletas, las barajas, los dados y las monedas. Cree en tesoros ocultos, o enterrados en sitios lejanos al alcance de tu mano; cree en sus mapas y códigos secretos, porque a cada cual le corresponde el suyo aún si termina menesteroso (pidiendo el pan de día en día). Ten cuidado con tus sombras. Procura que no se reduzcan al mediodía ni se agranden al ocaso. Sin embargo, ilumina la noche como te corresponde. Emula a los dementes de la antigua Macedonia: come piedras y arroja excrementos; luego zambúllete en el río. Todos tenemos un Éufrates y algunos valles fértiles (¿de lágrimas, de cocodrilos?). Gobierna tus arroyos y disfrútalos, aunque vengan bifurcados y desemboquen, pendiente abajo, en mares salitrosos, corrosivos y putrefactos. Si tus aguas se estancan, dinamita los diques y libéralas, pero no te dejes arrastrar por su torrente en estropicio.

Alimenta tus peces y algas aun cuando no los coseches, otros calmarán su sed y te deberán la vida con reverencia mística. Pero no les hagas caso, esos mismos ya han secado varias fuentes muy abundantes. Eso ya es cuento antiguo. No seas geométrico, pero vigila tus planos pues en ellos puedes descubrir tus claves. Reverencia y sigue a Santa Eufrasia, que vivió treinta ocho años en un monasterio de hombres disfrazada de fraile. Según algunos, no debes proceder con moderación porque (aún cuando no se vea, ni se sienta y mueras en -

Octavio- paz) lleva a la destrucción; y dicen que son preferibles los extremos que de todas maneras destruye, pero con mayor virtud. En las tardes de calor excesivo siente el frío de los que te rodean, procurando deslizarte, como en patines, sobre ese hielo quebradizo.

Cuando quieras crear, expresa lo que necesites sin medida ni razón, pero sé fiel y vuelve a los clásicos: pasados, presentes y futuros. Reproduce con exactitud y precisión a los maestros y sus modelos. Imita a la perfección cada palabra, punto y coma; cada pincelada, movimiento y nota. Sin embargo, sé profundamente original; que tu autenticidad sea de todos y ninguno, única. Imítate a ti mismo (aunque te manches de barro) y no al ave zancuda que cruza el pantano, blanca e impoluta (en la orilla se la tragará el tigre en acecho). Que la infidelidad conduzca tu devenir: sé infiel a tu personalidad, tus pensamientos, tus creencias, obviamente al amor, al mundo rodante, a tus compromisos, deberes y a ti mismo; pero más que nada sé infiel a tu infidelidad más recalcitrante.

Di siempre la verdad aun cuando mientas. Realida la ficción, vive a la orilla e imagina la realidad y su concreción. Pero si lo emprendes, continúalo sin descanso y huye a la innovación (actual) perpetua. Rejuvenece con cada minuto envejeciendo con (in)dignidad. Aúlla y disponte a escuchar (¿o sólo oír?) el eco de tu gesto como si gritaras sobre un acantilado pedregoso, lleno de cisuras, frente al mar, quizás percibas lo que no dijiste o se ocultó en el alarido. Acecha aquello que nunca alcanzarás, desafíalo y tómalo con firmeza, sobre todo si está fuera del mundo (como las divisiones de quebrados, los pensamientos infantiles, el peine del calvo, la sensatez adolescente, la mejor vista del ciego y su mirar claro, la elocuencia del mudo, la atención y oír atento del sordo, la hiperquinesia del autista, el bigote abundante del aborigen, la serenidad de la mujer sin marido, el tiempo sin medida, el fuego congelante, la nube incendiada, la abundancia de la escasez, la cuadratura del círculo medieval, la llama de la nieve, la aridez del agua fresca, la dulzura de la sal, el frío de verano, el calor de invierno, el confort y la sombra refrescante de los desiertos arenosos y la vida sin angustia).

Pugna como el sol de estío, imponente, ardoroso y riguroso, pero cuida que no te oscurezcan las nubes. Prosigue como los poderosos nubarrones de tormentas, electrocutantes, sin embargo, ten en cuenta que no te barra y disperse el viento equinoccial; entonces mimetiza al ciclón tropical, arrasador, no obstante, vigila las montañas que te detendrán sin misericordia. Quizás no tengas alternativa y debas asumirte alto monte rocoso pero la presencia de las hormigas y su revolución te roerán y desbastarán, aunque les tome siglos. Asume cada uno de tus retos, aunque te perciban minorizado, incorporado a la hormiga (de aguijón). Recuerda que su especie amazónica es ínfima, pero escarba los túneles más profundos y comunicantes. Huye de lo firme y busca lo fugitivo, allí podrás encontrar la permanencia.

Emprende persecuciones vitales y emula a los ángeles feministas: lleva en alto el clítoris justiciero, (afilado) vengador, siempre precavido ante los asaltos más desafiantes, excitantes. Aprovéchate de la más alta tecnología y vuelve al grito, a la cuadratura de la rueda, la tracción a sangre (hueso y fuego), a la piedra, al clavo y el martillo sobre la cabeza. No te vistas en el momento que tengas prisa; si quieres llegar toma la dirección opuesta. No deambules precavido, pero sí fuertemente armado, pues tendrás que desenfundar la palabra en cualquier instante. Sin embargo, guarda la pólvora más preciada, explosiva, porque escasea; y cuando dispares con arcos antiguos, (como el de Ulises) no apuntes al blanco porque podrías fallar.

Al tiempo que arriben las tormentas, cierra los paraguas y zambúllete en sus ríos. Siembra alucinógenos y cosecha frutas frescas ¿o quizás es lo contrario? Camina paso a paso en tus tierras (sub) desarrolladas, pero desplázate como entre pétalos porque podrías terminar amando su abundancia necesaria, (desoladora). Haz lo contrario de lo que los apóstoles evangélicos hicieron con Cristo: elabora y testimonia en tus escrituras la cotidianidad y a más no poder tus sonrisas más pícaras.

Procura que, en latín y griego, existan esas palabras, si no invéntalas o descúbrelas. Tiñe tus cabellos (del color que desees y más aprecies o convenga) pero deja intactas las raíces pues, (latentes, insolentes, pugnantes noche y día) aunque no quieras, volverán a ti ya crecidas. No momifiques tus pensamientos e ideales porque podrían durar siglos (envejeciendo), sin que tú los puedas defender o derogar (quizás enclaustrados en libros o dichos de boca en boca rondando y contaminando a otras mentes). Derrocha lo poco que tengas y cuida lo ajeno. Contempla el mundo desde tu ventana como desearías que fuera y olvida como en verdad es.

Construye tu realidad de materiales vaporosos, quiméricos, que nadie podrá destruirlos.

Aunque el amor sea eterno (mientras dura), enamórate de tus ideales y profetas: de sus pensamientos, sutilezas, principios (y finales); pero sobre todo engolosínate de sus pasiones, sus ojos, sus cabellos, sus labios, sus hombros, sus torsos y sus tetillas, sus muslos y entrepiernas; sedúcete hasta el cansancio que quizás te satisfagan. Prosigue los pasos: de Martí-rizado, Lorca-toda ella, y Arenas-desnudas, tropicales y playeras en la pena-capital del mundo: Nueva York, aunque genere dolor, no lo alcances ni merezcas.

No detengas el río de la vida porque a veces es imposible, pero refresca la existencia en tus manantiales (los que elijas o encuentres). Busca y encuentra aliento hasta debajo de las piedras, como dice la alquimia. Sin embargo ten cuidado, pues a veces, entre esas vidas megalíticas, habrá alguna (cristiana y de muchos pecados) que arrojará rocas a tu cabeza, sin misericordia ni perdón. No obstante, persiste entre guijarros y cantos de granito, que quizás algún día te arrojen una piedra preciosa que te golpee con todo su esplendor y contundencia. Experimenta con tu imagen y haz la prueba del espejo: ponte frente a él y asegúrate que no haya nadie detrás para evitar engaños de otras dimensiones: descríbete como desees, con ilusiones y verdades simultáneas; descubre cómo y lo que eres (si es que vale la pena y el esfuerzo) aunque no te creas y después rómpelo, como acto de rebelión, si es tu capricho; siempre podrás volver a contemplarte en las aguas para que se reflejen en ti y puedas ver sus olas o su quietud.

Aunque los trates con cariño, cuídate de tus alrededores y máxime de ti mismo, recuerda que no hay peor enemigo. Cuando camines por los desiertos, con los pies hundidos en la duna, busca el oasis si lo deseas, que quizás (dando vueltas entre sus palmeras de mayor sombra y sus frutos más dulces y jugosos) nunca hayas salido de él. Imita al coco, que ofrece agua, manjar y hasta leña de fuego aromado (al final). Si el espacio donde transcurre tu existencia se transforma en un toro fiero: oye sus bufidos y lídialo, córtale las orejas, el rabo, sángralo con estocadas decorativas (mortales si deseas) y sé feliz; si no puedes con ello, sé feliz de todos modos y busca, con venturosa humildad, un animal más apropiado a tus fuerzas. Sé tu principal y mejor rival. Si en el camino tropiezas con las tinieblas de una noche sin luna, continúa y conténtate, porque la hora más oscura (ya lo dijo Demetrio) es la que viene antes del alba, aunque su luz y calor no te bañe la piel seca ni los huesos blancos cubiertos de polvo. Si te acosan y hostigan, aunque ofrezcas dentelladas, también trata y di la verdad, que a veces es lo mejor para ocultarla. Si te corresponde, subasta entre elegidos (si tienes la alternativa) y al menor precio posible: tus mejores sonrisas, las miradas más refrescantes, tus abrazos más fuertes, la solidaridad más dominante, la nobleza más pura (suprema) y tus semillas más fértiles. En cambio, no vendas las propiedades terrenales y aún menos las tierras debajo de tus uñas (podrían demandarte por estafa).

No permitas que la barba más tupida, ni la afeitada más precisa, te oculten el rostro ni las niñas de los ojos. Lee las Escrituras (las tuyas), aprende de Dios y construye el mundo. Hazlo a tu imagen (y si conviene), a tu semejanza; después podrás cambiarlo si no estás conforme, pues como fabricante tendrás que ofrecer garantías al cien por ciento en sus partes y componentes, aunque sean importados de otros mundos o dioses; pero de inmediato arma un equipo de reparación, contingencias y devolución; para comenzar haz que los animales (mansos o fieros) te desobedezcan pues así quizá aprendas lo más interesante de la vida. Si crees confundir al Cristo de la cruz con otros cadáveres y cuerpos desangrantes, revísate y obsérvate para ver qué pasa: la fe es un ministerio inexpugnable. Si notas las nubes preñadas y a punto de abortar sus truenos: júrale amor, cásate por la ley y adopta a sus crías: colócate debajo, a la intemperie y resiste sus furias de bestias y sus rayos atorrantes, sus granizos y baños de ensalme; algunos dicen que si tienes un poco de suerte no escampará ni encontrarás techo hasta que construyas el tuyo propio y domines al cielo, sus nubes y sus vientos.

Procura cosechar la humilde docilidad y el imperio colérico en proporciones justas pues así podrás desplegar las palmas abiertas para ofrecer y recibir lo que ya tengas o necesites. Como cuando duermes, entrégate a tu propio poder, sin permitir que el miedo huya ni la valentía te domine. Que no digan que no sabes graznar como perro, piar como tigre, ladrar como águila, rugir como serpiente, gruñir como araña, chillar como pez, balar como león, ni bramar como insecto. De tus mayores aprende las cosas de la vida:

de la tarántula su tejido existencial, del jaguar su arañazo en desgarre, de las perras callejeras sus múltiples abortos, de la hiena su reír sangrón, del elefante su calmada indiferente, del puerco sus límpidas costumbres, de la hormiga brava su picadura (que advierte pero no mata), de la cotorra su hablar sincero y nítido, de la abeja su apego a lo dulce, del dromedario su sed y su escupida legendaria, de la flor su eterno brotar, del cornudo toro su dominio solitario, del burro orejudo su astucia milenaria y así continúa, sin importar cómo, pero continúa; así llegarás a la sabiduría que, quizás de nada sirve pero, es muy sabrosa, con sabor a dulce de niño.

Si tienes capacidad de ser como el metal fundible (tal vez como el hierro en piedra) aprovéchalo, pues nunca sabrás el momento que te apliquen calor intenso, excesivo, y tengas que modificarte en otros contornos y formas caprichosas. No importa que critiquen que tengas la resolución de la flor en clavel, sólo pon atención a tu botón en perenne brotar y su perfume; seguramente los insectos se acercarán ansiosos buscando tus aromas y tus jugos esenciales; pero que te vean sin conocerte y te conozcan sin verte. No hagas caso de la poesía más cautivadora y novelera, ni a los comerciales más populares que te incitan a buscar un camino; que cualquier camino sea el tuyo, de lo contrario pronto te encajonarán en vías rápidas de velocidad controlada y carreteras abruptas de tierras secas (que te cubrirán la lengua de polvo), o trochas y atajos que podrían desnucarte.

Aunque el bagazo es el desecho, antes fue una misma cosa con el jugo más preciado; mantente entero: entre extracto y bagazo. Procura que cuando nada cambie todo sea diferente y claro está, lo contrario también es oportuno, que, aunque todo cambie nada sea distinto de lo que esperas. Si lo que te sostiene en equilibrio, sobre la tierra, es una delgada cinta, aprende a tejer y trenzar, para cuando se acabe o se afloje, la puedas continuar y tensar como te enseñaron las abuelas. Cuando tengas la vida en un hilo, pregúntate: ¿es de hierro o seda su fibra? Si es secreto, grítalo para que nadie se entere, si es público, exprésalo al oído y las multitudes inconscientes llegarán a escucharlo. Si puedes lograrlo, nunca dudes de tus sueños sino de la realidad más concreta; seguirás siendo pobre (¿de espíritu?) pero más feliz.

Comanda los ejércitos bárbaros con espinas en las manos y derriba las puertas principales, las del frente; sin embargo, recuerda la conveniencia de entrar por el portón trasero para conocer a los que viven dentro. Aprópiate de tu poder, es decir la palabra. Si aprendes el arte de hacer llover, no tomes drogas ni te alucines, pues podrías provocar tempestades y perecer ahogado. Siéntate en tu diván, de cara al exterior, y espera ver pasar: a los dioses vueltos locos llorando de rabia y amargura, los cataclismos más inofensivos y el fin del mundo conocido, a la gente desesperada pero feliz (por primera vez), a los ángeles caídos junto a las once mil vírgenes a ras del suelo (pisoteadas), a los hombres vueltos libres e invisibles, la bondad generalizada, a Cristo rondando los bares de Casablanca, (perdón quise decir cañablanca) en busca de pescadores analfabetas, a los reyes e imperios en limosna, pidiendo perdón y arrepentidos de corazón, a las mujeres sin hijos, la venta de las nubes, el alquiler del mar en parcelas arables, el robo del viento y el contrabando de espíritus puros. Espera y espera (aunque te preocupe la desesperación) que todo vendrá y lo verás pasar frente a tu diván.

Destiérrate y retorna sin medir consecuencias pues es probable que no midan más que unos cuantos centímetros. Sacrifícate, más que nada por no tener sacrificios (inútiles). Si te observas, si te reflejas en los ojos de un amigo o un espejo vecino, recuerda que podrías recibir una imagen que no te guste, de la que tú mismo huirías espantado; pero quizás sea una imagen deformada. Camina con el paso precavido y elegante de la garza paleta, corre con el sigilo y la destreza del chita, gatea con la determinación de un infante, vuela con la precisión del colibrí de montaña, observa con la pupila perspicaz y pertinaz del vecino de enfrente, desplázate por la noche como si le pertenecieras (pero no traiciones al día), caza con la fiereza de una mujer en edad casamentera, deslástrate de las afirmaciones obligantes y las contradicciones fáciles, escucha las paredes, como los murciélagos, porque de hecho el mundo sabe que hablan con claridad insuperable varios idiomas crípticos.

De probar el sabor agrio y reseco de la soledad, edulcóralo para tragarlo dulzón. Acomoda y compón tus fantasías (aunque pertenezcan al pretérito) que si son circulares rodarán sin problema. No persigas tu destino deja mejor que él te busque y alcance y sólo recuerda lo que vendrá, sin prever el pasado. Si actúas bien o actúas mal, no importa cómo, pero si lo haces, no te faltará alguna oportunidad, pero ten cuidado, quizás tampoco te sobre ninguna. Si das crédito a supercherías de valentía habla al espejo para vivir y respirar tus palabras, quizás el evento no reclame tu fe ni tu confianza, pero al menos tendrás una aventura para negar o sólo relatar. Desarrolla los sentidos y escucha al calor, toca y palpa al ruido, olfatea el gusto y gusta el tacto. Que tu mejor deseo sea el poder de seguir deseando como anhelabas al principio. No destruyas a tus enemigos porque luego tendrás que sucumbir batallando contigo mismo. Contamínate de acciones impregnantes, pringosas, aunque te ofusquen el pensamiento; después podrás dominar diversos estilos de contagio y proseguir en causas a prueba de acciones arruinantes. No corras riesgos útiles: camínalos, ándalos y paséalos en galopes cómodos a tu devenir; sobre todo pon atención al peligro de construir tus reminiscencias antes de que sucedan. Si como muchos eres súbdito prófugo del dominio sin tregua del olvido, emprende escaramuzas hacia la desembocadura de la memoria para que, como marca a tizón de hierro, desesperados, les desesperances amalgamados de recuerdos. Si vives en la luna, cámbiate de profesión y no seas más astronauta, si persistes en estar gravitando, entonces disfruta tus espacios infinitos. Si ves que tu realidad huye despavorida, no la sigas, que más tarde regresará a ti, enaltecida y sin temores. (Siempre me soñé Dueño del Mundo, en mayúsculas, pero, ¿qué le vamos a hacer?, algunos individuos tenemos pesadillas recurrentes).

Sigue al movimiento feminista, que está entre los más valientes y machos del planeta. Al momento de cortar y dividir el aire a espadazos (si es con el sable del Libertador, mejor) procura que te corresponda un trozo respirable, compartible. Oculta a plena luz lo que desees esconder. Si quieres ir enmascarado, por las vías de la vida, siempre puedes cubrirte con una copia exacta de tu propio rostro; y camina tranquilo, que la gente verá y callará, sin denunciarte. Ve hacia el agua para que te mantengas seco y sin corrientes adversas. Aseméjate a las bocas, las vaginas y a los otros orificios de tu cuerpo: donde todo lo que entre, salga, aunque te modifique en su estropicio de fuga. No hagas como "La Lupe", pide justamente lo que no puedan darte, aun cuando al final, igual te entregues sin compasión ni condición.

Que no se te vayan las caricias alocadas de los dedos (de los pies, mucho menos de las manos); mejor condúcelas y adminístralas con mañas de contador público, quizás así no pagues impuestos demás y no te falten en cada período tributario. Personifica al amor de la poesía antigua: que siendo el conquistador más fiero y glorioso, seas aún el mejor y servil esclavo. Sé tan fértil como el eunuco chino Tsai Lun (castrado a la edad de siete), que, maniobrando con telas viejas, cortezas de bambú y cáñamo, produjo la fertilidad enloquecida del papel. No hagas cualquier cosa en contra de tus principios, pero tampoco de tus finales. Que nada poseas, excepto aquello que has dado, porque nunca lo perderás.

Sigue a Chejov: si le temes a la soledad, no te cases ni te divorcies. Que tu desorden y descuido existencial lleve un orden y cuidado justo, adecuado. No tienes por qué irte acostumbrando (a nada), mejor regresa sin irte y sin costumbres. Ten como objetivo vital que el rugido del relámpago te escandalice antes que su luz te atrape (en pose fotográfica). No le saques el cuerpo a nadie: pues podrías revelar que no tiene alma. Recuerda que, si deseas apagar una luz, o un fuego (incluso de los fatuos), primero debes encenderlo (abrasarlo), sin embargo, si mucho te empeñas, sofoca llamas sin incendios. Escribe para leerte, existe para pensarte, retrocede sin adelantar, cúrate sin enfermarte, miente con veracidad, alúmbrate sin luz ni fuego, ve, siente, gusta, husmea, y palpa con claridad: sin pupilas, ni cadenas de huesillos, sin piel ni papilas ni nasales; inspira sin respirar, levántate sin haberte acostado, borra sin haber escrito, lee sin idiomas o lenguas torpes, procrea sin esperma ni huevos, cuenta sin números, suma restando que "*after all* 2-2" es un cuadro, colorea sin tintes, humedece sin líquidos, piensa sin neuronas, palpita sin latidos, siembra sin plantar, cosecha sin cultivar, ama sin cariño, apasiónate sin ardor, sin embargo sé vehemente, duerme sin yacer, sueña sin desmayo, angústiate y trastórnate sin ansiedades ni agobios.

Si no te dejan hablar, obviamente calla sin hacer silencio; que tu mudez los enlonquecerá: enrojecidos. Destapa tu sigilo ensordecedor, pero no por ello hables menos. Por supuesto, cuando callen, grítales en voz baja, casi en "*sottovoce*", y verás a las personas (sobre todo a las más embravecidas y machas) ejecutar para tu deleite, (sin importar su edad) piruetas dignas de Pavlova. Haz como la mayoría, explícate, ábrete y revélate: así, hasta los más avispados, creerán que no te ocultas. Alucínate como Colón, eso te facilitará la tarea de llegar a otros dominios y esgarrar dos veces (como cuentan que lo hizo De Triana): tierra-tierra; después vendrán las flechas salvajes con curare, que será el verdadero objetivo en tus nuevos continentes. Hurta segundos al minuto, minutos a la hora, horas al día, días a la semana, semanas al mes, meses al año, años al siglo, siglos al milenio y milenios a los milenios: después tendrás un tiempo precioso para hacer lo más preciado, pero recuerda que luego te podrán llevar ante una corte para ofrecerte, con misericordia, cadena perpetua por substracción de propiedad pública.

Si te desplazan de las tierras buenas, aradas, arables o por arar: emprende la labor del liquen y araña la piedra más dura. Cuando camines por el filo de la navaja, no te angusties pues no hay daga filosa (punzo cortante) que resista la mella persistente e implacable: impregnada de tus salivas y fluidos poderosos. Ponle boca al silencio y hazlo hablar (quizás llorar) como un perro bilingüe, callejero y hambriento. No importa que tu imaginación llegue al poder, pues nunca dejará de ejercerlo en absoluto. Que no te avergüence, ni te parezca absurdo, hacer y seguir al pie de la letra (y de sus rodillas, sus caderas, su pubis, sus senos, su cuello provocativo y besable, sus labios y ojos esquivos), lo que la sociedad espera de ti y, obviamente, lo inesperado también: así estarás bien con tus dioses y demonios más traviesos.

Resiste cuanto venga, menos lo irresistible: como es la carne fresca para el amor. Lucha, lucha demasiado, que si no resulta, siempre podrás abandonar la lucha y pasarte al boxeo. Si el tiempo te aprieta, aflójate la correa en la muñeca Barbie; nunca hables del rey de Roma, pues podría asomarse y, como monarca, querer dominarte. No mates el tiempo pues sin él, no podrías vivir. No le sigas la corriente a nadie: pues el alto Voltaire aniquila, y te electrocutaría sin delitos graves, o peor aún, tendrías que desembocar en mares bravos infestados de escualos hambrientos. No corras riesgos inútiles: camínalos con pausa de camello.

Hazte isla, y así gana perspectivas, rodeado de horizontes, pero busca embarcaciones: ya que de otra manera es peligroso caminar siempre a nado en la superficie llena de posibles aristas verticales con aletas colmilladas. Está atento a esos que a cada minuto (y por cualquier motivo) desean ponerte al día: robándote la noche y tus escondrijos suavemente emneblinados. Rechaza cualquier punto de vista por otros elementos gráficos del ver como la línea (curva o recta), el trapecio o el triángulo de vista. No llegues a ningún sitio; deja que ellos se precipiten a tu regazo de madre-abuela, no obstante, aprópiate de los poderes del imán para asegurarte su atracción. No seas cómplice del silencio ni ahogues el grito, aunque sea histérico, sin embargo, corrobora que no te acusen de "comadrita chillona" (que perturba la ausencia del sonido y la quietud), ni de perra en celo desesperada.

Si entras de último en un elevador (existencial) serás el primero en salir (y así se confirmará el dicho de últimos y primeros), pero confirma que al abrir las compuertas no esté esperando Jack el destripador con el filo en alto para la primera cabeza de vaca en asomarse. Si pierdes el tiempo, contrata a un detective temporal para que lo encuentre y disponte bien sujeto a tu correa, no vaya a ser que el detalle más pequeño (del retorno de la indagación) te maree con remordimientos retroactivos incontrolables. No apagues tus voces interiores pues podrían sufrir el destino extinto del dodó, en cambio alimenta sus llamas con leña y carburo, pero ten cuidado no ensordezcas con sus gritos de trueno. Si te acusan de hacer tormentas en vasos de aguas, tira su líquido y llénalo de tierra, pero entonces despabílate para que no te acusen de provocar movimientos telúricos de unos cuantos granos de arena movediza, cenagosa.

Cuídate de la gente con la verdad (absoluta, diáfana, consciente, ecuánime, sin dudas y refrendada por la experiencia) porque podrían privarte de morder tus certezas y convicciones: arbitrarias, insulsas, vacuas, insensatas, injustas, improcedentes y pueriles. Y si alguno tiene la verdad en la mano, ponte a distancia, no vaya a suceder una desgracia y te la arroje al rostro o la cabeza; y si aún lejos te golpean, no te preocupes demasiado puesto que de inmediato caerá a tierra dentro del lodazal de las calzadas para hundirse en su oscuridad o hacerse trizas y polvo sobre las piedras del concreto; luego será orinada por perras callejeras y cagada por animalejos; más tarde (cuando hieda demasiado) quizás sea barrida por los obreros municipales para ser desechada en los basurales donde abundan pajarracos de rapiña.

Si es cierto lo que postula Tucídides, refrendado por Nietzche, que los elementos contienen su contrario, (siempre en acecho) confórmate con tus fracasos y reúnelos, porque a la vuelta de cualquier esquina o recodo del camino, estará tu realización: pero está atento a su opuesto vigilante, predispuesto nuevamente al salto de garra. Sé valiente y no te eches culpas encima: cuélgalas, planchadas y almidonadas, en tu ropero de camisas viejas (después de todo de algo tienen que vivir las polillas); pero quizás algún día, por error calculado, una mañana de olvido (con el tiempo y la distancia del yo), en equivocación retrógrada, abrirás el ropero antiguo para descolgarlas de entre tus camisas y las llevarás como atuendo a misa de once un domingo de gloria: ni tú ni nadie se dará cuenta, (los insectos insertos habrán hecho su trabajo).

Sé fuerte y no aceptes luchas fatales aún cuando tu moral esté en juego: de asar sesos, perdón quise decir en juego de azar de mesa o campo; si no tienes otra salida, ve y entra, (para boxear) que en toda actualidad siempre hay títulos mundiales vacantes; en todo caso, apuesta lo que ya perdiste para no tener remordimientos. No trates de lavar los ultrajes de la vida pues podrías encontrar alguna mancha indeleble, mejor asúmelo como corteza de cedro libanés (milenario) ya teñido. Si optas por una valentía primaria (frotando maderas para arrojar un leño en fuego a la entrada de tu cueva) para protegerte de las bestias acosantes (acusantes); procede con cautela pues podrías asfixiarte por el humo y morir con la piel carbonizada por evitar el enfrentamiento con los salvajes de más allá de tu entrada grutal. Si decides permanecer adentro, cuando haga frío intestinal, sube tu mercurio y durante el calor vuélvete hielo seco para no tener que disolverte en aguas impuras. No pretendas reconocer nada por su ausencia iluminada: como la soledad, pero si así lo haces: búscate a alguien para que sean dos los solitarios, sin embargo, luego cuídate de andar mal acompañado: con la soledad equivocada. Que escuchen cada una de tus palabras, que oigan incluso las que únicamente piensas: te adjudicarán la debilidad de no guardar secretos, pero te sabrás con la fortaleza de tan sólo poseer revelaciones.

Si percibes algún objetivo vital, aléjate de él, para iniciar con tu retiro, un acercamiento de contacto: piel a piel, pero cerciórate antes que no esté hirviendo pues la epidermis se daña y quema con el calor intenso. Si te llenas de múltiples errores y equivocaciones, no te vacíes, asúmelos y asegúralos como propios, pero ten cuidado que tanta firmeza no te haga perfecto ante los demás, aventurando el riesgo de ser por todos buscado y apreciado menos por ti mismo. Busca la luz natural de gas cosmográfico como tu guía, pero procura que al salir el sol no te quedes a oscuras. Si te exigen que hagas auto de presencia: entusiásmate, y más bien haz submarino, ferrocarril, o mejor, cohete de presencia, pero asegúrate que el vehículo tenga suficiente combustible pues tu comparecencia puede resultar en un largo viaje. Vuélcate sobre ti mismo para encontrar respuestas y así quizás hallarás lo fundamental: tus preguntas más claras; no obstante, responde sólo a lo que no se te pregunta y tal vez podrás contestar a las interrogantes más oscuras. «Se puede comprender sin entender» expresó Lezama Lima: síguelo y ponte al día con el maestro, aunque termines por entender sin comprender poniéndote a la tarde o a la noche; sin embargo, procura que sea a la madrugada que está cerca de la mañana con una posibilidad de despertar a su frescor impregnado de rocío. Cuando en la academia asistas al estudio del hambre, u otros enigmas milenarios, nunca faltes a tu palabra (más de cuatro veces por semestre) porque podrían aplazarte con estricta legalidad. De todos modos, si así sucede, cambia de curso o inscríbete en la universidad de la vida, pero ahí sí no faltes a nada pues no podrás regresar jamás. Seguidamente, siega donde no siembres y recoge donde no esparzas y lo opuesto también vale: siembra donde no siegues y esparce donde no recojas; así justificarás las acciones suicidas de Mateo con su Evangelio en procesión tras tuyo.

Proponle a tu mecánico dental que arregle tu auto importado con guantes de seda llevando las joyas de la corona y usando un abrelatas para el carburador. Abre los güevos, perdón quise decir los huevos, a martillazos, agítalos con cincel y fríelos en alcohol absoluto contra el colesterol (hijo solitario). Si los seguros de las saludes son muy costosos: nunca te enfermes, no vivas mucho o visita a veterinarios. Que te expliquen en qué consiste la libertad de prensa porque tu deseas la libertad garantizada de elegir a los agentes de prensa. Piensa sobre la prohibición de tener armas de fuego, pues el problema de sobrepoblación aumentaría, la eutanasia andaría suelta y probablemente habría más homicidios a garrotazos. Cuando estés en una biblioteca habla en voz baja pero directamente a los libros. El jarabe de horchata y remolacha es un líquido rojo que circula por las venas y las arterias, bébelo siempre. Acostúmbrate a madrugar para sacar fotos de la noche, viajar al sol sin ponerte rojo y luego salir a acampar. Está consciente que toda estufa sirve para preparar la basura. Córtate el cabello más sedoso a delicados hachazos. Asoléate a rayos de luna nueva y sé como la zarza inmortal, la pavesa mítica: arde sin consumirte. Si está tan negro y oscuro que no se ven tus pensamientos, enciende la llama perpetua al soldado desconocido para que te los alumbre y, de paso, de vez en cuando, podrás calentar tu desayuno en ella.

Cuando caiga al suelo polvoriento un tornillo mínimo, o quizás un centavo viejo y oxidado: no lo des por perdido: arrodíllate y búscalo acuciosamente y/o contrata detectives federales para la tarea, experimenta el sabor grande de buscar esos detalles que, obviamente, a veces nunca encontrarás, ni te darán de comer, evitando indigestiones crónicas. Pregúntate si cobrar viene de obtener cobre o de asumirse cobra venenosa para reclamar lo tuyo. Con tu potente lente fotográfico enfoca el abandono procurando que tu material sensible sea a color pues el revelado podría mostrar sólo líneas blancas y negras: como una radiografía de cuerpo entero de puro esqueleto. Escucha las sombras secretas de una mirada, percibe el rescoldo de un silencio ido, pero regresa de lo poético pues la realidad golpea menos duro. Si es legítimo aquel dictamen de Rilke donde convencido enuncia que «la enfermedad es el medio por el cual un organismo se libera de lo que es ajeno» ¿qué pasa entonces en el desempeño de sufrir a muerte lenta el amor más puro, y padeces de corazón la pasión de Cristo o agonizas en crueles y dolorosos trastornos tu mismo ser diagnosticado incurable?

Al punto suspensivo en que las bellezas más rampantes y exquisitas te exijan (como a Paris) el premio de la manzana de la discordia, no pierdas el tiempo optando por tajar la pomácea gordiana de Alejandro Magno que no satisfaría a nadie; mejor cambia de fruta y ofrece bananas milenarias: gordas, grandes y duras, a punto de ser devoradas por labios suculentos: no habrá belleza que resista tu ofrecimiento protuberante y pulposo. Ataca para defenderte aunque ignores de qué te defiendes; quizás corras, camines o saltes con suerte y en el ataque defensivo embistas espinas de rosa color sangre a tu yo más recóndito golpeando dos veces por golpear de primero. En el instante que por una chispa sin destino tu casa se inflame en llamas, no acudas a los apagadores de candelas que te dejarán frente a ruinas escabrosas ensopadas de la nada; mejor deja tus columnas y maderos arder y ser devorados, pues al menos tendrás entre tus palmas y dedos una ceniza pura, filtrada, negra y volátil, escurriéndose a los siete vientos: sin escombros carcomidos ni desechos humanos. Respeta todo, y por encima y debajo de todo lo demás y lo de menos, respeta al irrespeto y su irreverencia desmedida porque de él será el reino dictatorial de la demasía democrática.

Rehúsa que te concluyan en finales, ni admitas sinopsis de cuartillas enciclopédicas; que lo tuyo sea el eterno principio y un camino lleno de comienzos, pero excluye las introducciones y obviamente los pasajes y párrafos epilogales. Si te agitas, persiste en el cansancio, procura el agotamiento, desfallece e indaga en la postración, demanda el agobio, examina la debilidad, escudriña el hastío, escarba el aburrimiento y busca la saciedad; pero sin profundidad porque para algunos no existe.

*　*　*

98-4/8/24

ACERCA DEL AUTOR

Jesús Bottaro. (Caracas, Venezuela). Recibió un doctorado en literatura hispanoamericana del Graduate Center de The City University of New York y una Maestría de Brooklyn College (CUNY). Desde 1995 reside en Nueva York donde se deshace y reconstruye como escritor y profesor en The City University of New York (CUNY). Es editor fundador de *Hybrido* (1997), la revista de más larga trayectoria en los Estados Unidos, dedicada a la literatura y cultura hispana. Ha publicado ensayos, poesía y narrativa en antologías y revistas literarias en inglés y español. Es reseñista académico de la revista de la American Library Association desde el 2004. Ha participado en congresos, ferias del libro y festivales de poesía en Venezuela, Colombia, Ecuador, Estados Unidos, España y Costa Rica. Publicaciones: *El rompecabezas de la isla Esmeralda*, *El de cumpleaños de Luisa*, *Nieve en la granja* (Cuento: Pearson Education-Scott Foreman, 2000); *El teatro político en Venezuela* (Ensayo, Mellen Press, 2008); *Los manuscritos del Silencio* (Novela, Artepoética Press, 2014). *Alyz en New York Land* (2022) inicia la colección de narrativa de Nueva York Poetry Press en homenaje a la escritora Argentina Beatriz Guido: Colección Incendiario. Su poemario *Palabrero* (2023) se publicará bajo este sello editorial en la Colección Víspera del sueño de poesía hispanounidense.

Colección
Museo salvaje
Poesía latinoamericana
(Homenaje a Olga Orozco)

1
La imperfección del deseo
Adrián Cadavid

2
La sal de la locura / Le Sel de la folie
Fredy Yezzed

3
El idioma de los parques / The Language of the Parks
Marisa Russo

4
Los días de Ellwood
Manuel Adrián López

5
Los dictados del mar
William Velásquez Vásquez

6
Paisaje nihilista
Susan Campos Fonseca

7
La doncella sin manos
Magdalena Camargo Lemieszek

8
Disidencia
Katherine Medina Rondón

9
Danza de cuatro brazos
Silvia Siller

10

Carta de las mujeres de este país /
Letter from the Women of this Country
Fredy Yezzed

11

El año de la necesidad
Juan Carlos Olivas

12

El país de las palabras rotas / The Land of Broken Words
Juan Esteban Londoño

13

Versos vagabundos
Milton Fernández

14

Cerrar una ciudad
Santiago Grijalva

15

El rumor de las cosas
Linda Morales Caballero

16

La canción que me salva / The Song that Saves Me
Sergio Geese

17

El nombre del alba
Juan Suárez

18

Tarde en Manhattan
Karla Coreas

19

Un cuerpo negro / A Black Body
Lubi Prates

20

Sin lengua y otras imposibilidades dramáticas
Ely Rosa Zamora

31
La muerte tiene los días contados
Mario Meléndez

32
Sueño del insomnio / Dream of Insomnia
Isaac Goldemberg

33
La tempestad / The tempest
Francisco de Asís Fernández

34
Fiebre
Amarú Vanegas

35
63 poemas de amor a mi Simonetta Vespucci /
63 Love Poems to My Simonetta Vespucci
Francisco de Asís Fernández

36
Es polvo, es sombra, es nada
Mía Gallegos

37
Luminiscencia
Sebastián Miranda Brenes

38
Un animal el viento
William Velásquez

39
Historias del cielo/Heaven Stories
María Rosa Lojo

40
Pájaro mudo
Gustavo Arroyo

POETRY

COLLECTIONS

ADJOINING WALL

PARED CONTIGUA

Spaniard Poetry

Homage to María Victoria Atencia (Spain)

BARRACKS

CUARTEL

Poetry Awards

Homage to Clemencia Tariffa (Colombia)

CROSSING WATERS

CRUZANDO EL AGUA

Poetry in Translation (English to Spanish)

Homage to Sylvia Plath (United States)

DREAM EVE

VÍSPERA DEL SUEÑO

Hispanic American Poetry in USA

Homage to Aida Cartagena Portalatín (Dominican Republic)

FIRE'S JOURNEY

TRÁNSITO DE FUEGO

Central American and Mexican Poetry

Homage to Eunice Odio (Costa Rica)

INTO MY GARDEN

English Poetry

Homage to Emily Dickinson (United States)

I Survive

Sobrevivo

Social Poetry

Homage to Claribel Alegría (Nicaragua)

Lips on Fire

Labios en llamas

Opera Prima

Homage to Lydia Dávila (Ecuador)

Live Fire

Vivo fuego

Essential Ibero American Poetry

Homage to Concha Urquiza (Mexico)

Feverish Memory

Memoria de la fiebre

Feminist Poetry

Homage to Carilda Oliver Labra (Cuba)

Reverse Kingdom

Reino del revés

Children's Poetry

Homage to María Elena Walsh (Argentina)

Stone of Madness

Piedra de la locura

Personal Anthologies

Homage to Julia de Burgos (Argentina)

Twenty Furrows

Veinte surcos

Collective Works

Homage to Julia de Burgos (Puerto Rico)

Voices Project

Proyecto Voces

María Farazdel (Palitachi) (Dominican Republic)

Wild Museum

Museo Salvaje

Latin American Poetry

Homage to Olga Orozco (Argentina)

OTHER COLLECTIONS

Fiction

INCENDIARY

INCENDIARIO

Homage to Beatriz Guido (Argentina)

Children's Fiction

KNITTING THE ROUND

TEJER LA RONDA

Homage to Gabriela Mistral (Chile)

Drama

MOVING

MUDANZA

Homage to Elena Garro (Mexico)

Essay

SOUTH

SUR

Homage to Victoria Ocampo (Argentina)

Non-Fiction/Other Discourses

BREAK-UP

DESARTICULACIONES

Homage to Sylvia Molloy (Argentina)

For those who think like Olga Orozco that *we are hard fragments torn from heaven's reverse, chunks like insoluble rubble turned toward this wall where the flight of reality is inscribed, chilling white bite of banishment...* this book was published, March 2024, in the United States of America.

www.ingramcontent.com/pod-product-compliance
Lightning Source LLC
LaVergne TN
LVHW051001080826
845145LV00009B/2388

* 9 7 8 1 9 5 8 0 0 1 3 5 6 *